NOUVELLES
CONDITIONS SOCIALES

ASSURANT LE

Bien-être, la Dignité et la Sécurité a tous les Citoyens

PAR

Clément VERPY

Ancien mécanicien retraité de la Cie des Chemins de fer de l'Ouest

Il importe au renom et même à
la gloire des législateurs des
temps présents, de faire pour
le bien commun ce que leurs
prédécesseurs ont négligé.

L'Auteur.

PRIX : 30 CENTIMES

PARIS

IMPRIMERIE TYPOGRAPHIQUE E. MAYER ET Cie

18, RUE RICHER, 18

1891

HOMMAGE DE L'AUTEUR

NOUVELLES

CONDITIONS SOCIALES

ASSURANT LE

Bien-être, la Dignité et la Sécurité à tous les Citoyens

PAR

Clément VERPY

Ancien mécanicien retraité de la Compagnie des Chemins de fer de l'Ouest

NOUVELLES CONDITIONS SOCIALES [1]

Assurant le Bien-être, la Dignité et la Sécurité à tous les Citoyens

PRÉFACE

La question sociale étant devenue un sujet de préoccupation pour tous les citoyens, à quelque classe qu'ils appartiennent, nous avons conçu, fort aidé en cela par l'expérience et l'observation, un certain nombre d'articles dont l'application, nous en sommes sûr, peut résoudre cette question au mieux des intérêts de tous. Aussi bien, qui ne voudrait convenir que ces mêmes intérêts ont été entièrement abandonnés, par les pouvoirs publics de tous les temps, à l'appréciation individuelle et générale, mais profitant surtout à ceux les mieux en situation de s'imposer.

Or, notre but, en signalant un abandon plein de conséquences fâcheuses pour beaucoup d'intérêts, est d'indiquer des moyens d'améliorer un ancien état de choses et d'assurer, en même temps, des bienfaits qui manquent encore à la plupart des membres de notre société. Pour atteindre ce résultat, nous soumettons avec confiance aux pouvoirs publics une *Conception* de « *Nouvelles conditions sociales* », que le souci de ces pouvoirs pour le bien commun les engagera certainement et bientôt à appliquer.

---

(1) L'auteur croit devoir dire aussitôt que ce titre ne suppose l'abrogation d'aucune loi déjà existante. Il croit encore que ce même titre pourra être rappelé d'une façon toujours heureuse à la mémoire de quiconque essayerait de se soustraire à l'observation des articles exposés dès la première page.

Peu familier avec l'art d'écrire, celui qui entreprend ces lignes prendra occasion des remarques. qui précèdent pour dire, en toute humilité, que ce n'est pas comme écrivain, titre qui suppose beaucoup d'érudition, qu'il se présente au lecteur, mais seulement pour l'entretenir de choses auxquelles la grande majorité des citoyens se trouve intéressée.

AVANT-PROPOS

Nous avions terminé notre travail, lorsque nous avons eu la bonne fortune de rencontrer dans le journal *l'Alliance,* qui défend les intérêts de la corporation à laquelle nous avons appartenu, la péroraison du discours que M. Sarrut, avocat général près la Cour d'appel de Paris, a prononcé à l'occasion de la rentrée des tribunaux.

Voici cette péroraison :

« Il importe surtout à la continuité du progrès social que chacun élargisse la conception du devoir et du droit. Privilégiés de la fortune, patrons, chefs d'industrie, pas de préventions égoïstes, pas de résistances injustes, pas de théories absolues sur la légitimité de la possession ! Sait-on dans quelle mesure la richesse des uns est faite de prélèvements opérés sur le labeur des autres ?

« L'ouvrier n'est pas un instrument, mais un collaborateur. Vous lui devez autre chose que le salaire. Ménagez ses forces et sa santé, la production sera plus active, plus féconde, plus rémunératrice ; le progrès sanitaire se confond avec le progrès industriel. Organisez l'assistance de toutes manières, par les sociétés de secours mutuels, les caisses de retraites, les assurances. Prenez l'initiative, sinon ces réformes s'opèreront d'elles-mêmes ou par le commandement de la loi ; vous aurez alors la mauvaise grâce du refus et l'amertume de la défaite. »

Nous sommes heureux de pouvoir mettre sous les yeux du lecteur de telles paroles, que l'on pourrait considérer comme une haute glorification de la doctrine d'Aristote, doctrine si longtemps méconnue, ainsi que nous le rappelons dans le renvoi de notre septième page.

CHAPITRE PREMIER

Exposé succinct de nouvelles conditions sociales

Confiant dans le souci qu'ont les pouvoirs publics de notre temps du bien commun, nous demandons à ces pouvoirs la permission d'exposer tout d'abord la formule des deux considérants que comportent, ce nous semble, les articles dont notre conception fait l'objet, et comme si cette dernière était déjà examinée. Nous dirons alors :

Considérant qu'un accroissement de dignité, de sécurité et de bonheur pour tous les citoyens doit résulter de la mise en vigueur d'un certain nombre d'articles dont les termes indiquent à chacun la conduite à tenir soi-même envers tous ;

Considérant encore que ces articles, outre qu'ils feront naître l'harmonie dans les rapports entre les citoyens sont aussi comme autant de règles d'une haute portée morale, le Sénat et la Chambre des députés ont adopté :

Le Président de la République promulgue la loi dont la teneur suit :

Article premier. — Initiation dans les écoles aux présentes et Nouvelles Conditions sociales.

Art. 2. — § 1er Création dans chaque commune en France, même dans les colonies et par les soins des Conseils Municipaux, d'une Société, au moins, de Secours Mutuels là où il n'en existe pas encore.

§ 2e Dans les communes ayant moins de six mille âmes et ne comportant, dans ce cas, qu'une seule Société, le Maire et les Conseillers Municipaux en seront les premiers membres participants : Dans les communes de six mille habitants et plus, le Maire et les Conseillers Municipaux s'inscriront membres honoraires d'une Société, au moins.

§ 3e Obligation pour les artisans des deux sexes, travaillant en chambre ou à la journée, les domestiques des deux sexes aussi, les employés et employées de commerce et de l'industrie, de faire partie d'une Société de Secours Mutuels.

§ 4ᵉ Obligation pour les Sociétés dont le siège sera à Paris, de faire mensuellement le dépôt de leurs fonds disponibles à la Caisse des Dépôts et Consignations, et dans les bureaux de la Caisse d'épargne pour celles dont le siège sera en province.

§ 5ᵉ Un contrôle sera exercé par les soins de l'Administration, sur les opérations de toutes les Sociétés.

§ 6ᵉ Attendu le grand nombre de membres que comprendra chaque Société, il est permis de croire qu'un secours d'un franc par jour, au moins, pourra être accordé à ceux des membres qui auront à subir un chômage par retrait d'emploi, et alors indépendant de leur volonté.

Art. 3. — Obligation pour tout citoyen, à compter de l'âge de dix-huit ans, de se pourvoir d'un livret de résidence, sur la production duquel et quand besoin en sera, chacun justifiera ou non de son honorabilité. Ce livret contiendra les présents articles ainsi que les développements qu'ils comportent.

Art. 4. — Droit à tout porteur de créances qui, ayant fait sans succès une ou plusienrs demandes en recouvrement auprès d'un débiteur, de présenter tous mémoires à celui ou ceux qui fournissent un salaire à ce débiteur.

Art. 5. — Déni du droit aux grandes Entreprises et Sociétés d'imposer, soit un trop faible salaire, soit un travail excessif sans une compensation pécuniaire équivalente.

Art. 6. — Audition ou réception officielle de toute plainte fondée.

Art. 7. — Obligation pour tout citoyen de faire sans délai, et auprès des autorités de son endroit, la démarche prévue par l'article 6.

Art. 8. — Obligation pour tout citoyen qui, dans son intérêt ou celui de quelque autre, aura jugé de l'opportunité d'une plainte, de faire établir, en Justice de Paix, le bien fondé de sa plainte (1), afin que cette dernière ne puisse être contestée.

Art. 9. — Contrôle officiel sur toute demande et gérance de fonds publics.

Art. 10. — Obligation pour tout propriétaire de se renseigner exactement, et sous peine d'amende, sur les moyens d'existence de ceux à qui il aura loué.

Art. 11. — Obligation, pour tout citoyen nécessiteux, de faire part de sa situation précaire aux autorités de son endroit.

Art. 12. — Sera puni au maximum de la peine édictée celui qui, s'étant soustrait à l'obligation indiquée par l'article 11, attentera aux biens ou à la vie de son semblable en vue de se procurer les choses nécessaires à son entretien, lesquelles choses, en vertu de ce même article 11, ne lui auraient pas été refusées.

Art. 13. — § 1er. Une retenue officielle de 0 fr. 25 c. par 100 fr. sera faite sur les traitements journaliers et autres s'élevant annuellement depuis 2,000 fr. jusqu'à 2,999 fr. de tous les artisans, des fonctionnaires de l'Etat, des employés des grandes Entreprises, des Sociétés, des Maisons de Commerce et d'Industrie.

§ 2e Une retenue de 0 fr. 50 c. par 100 fr. sera également faite sur les traitements journaliers et autres s'élevant mensuellement depuis 3,000 fr. jusqu'à 40,000 fr. dans lesquelles sont compris ceux des Ministres, des Députés, des Magistrats, des Directeurs d'Entreprises, de Sociétés, de Maisons de Commerce et d'Industrie (2).

---

(1) Après avoir reconnu le bien fondé d'une plainte, le juge de paix remettra au plaignant l'autorisation écrite de faire le dépôt de sa plainte à la mairie du lieu de résidence de celui qui aura donné lieu à cette plainte. L'esprit de cet article implique encore, pour les grandes Entreprises et Sociétés, l'obligation de faire droit aux plaintes aussi que des subordonnés auraient à leur présenter contre des supérieurs subalternes.

(2) Les chefs directs des Maisons de Commerce et d'Industrie sont exceptés de toute retenue. La raison de cette exception est justifiée à nos yeux par les nombreux frais généraux que cette classe de citoyens a à supporter, et sans compter encore les risques d'une prospérité que beaucoup de circonstances peuvent rendre aléatoire,

§ 3ᵉ. Une retenue dans les conditions prévues par les paragraphes précédents sera encore faite sur le montant total des retraites servies par l'État et les Compagnies de chemin de fer. Pour chacun des anciens Agents de ces compagnies, les retenues seront faites par la Caisse de la Vieillesse, qui aura à connaître de chaque somme allouée par les Compagnies.

§ 4ᵉ. Le montant des retenues opérées en vertu des paragraphes 1ᵉʳ, 2ᵉ et 3ᵉ, montant qui pourra s'élever mensuellement à plus d'un million de francs, sera employé à inaugurer : 1º une ère de propreté parfaite dans toutes les villes et communes de France; 2º à augmenter le salaire et le nombre des préposés à ce service utile, lequel donnera ainsi à tous des gages d'une meilleure hygiène; 3º à alimenter des Caisses de Secours à établir dans les Mairies des villes et des communes.

ART. 14. — § 1ᵉʳ. Suppression du travail dans les prisons; celui-ci étant devenu une cause de chômage tout gros de conséquences pour les ouvriers des villes et des campagnes.

§ 2º Suppression aussi du régime en commun dans les dites prisons, lequel donne occasion à des actes de révolte dus au fait de la promiscuité.

ART. 15. — Déni du droit à tout jeune homme et à toute jeune fille, en tutelle, de nouer ou d'entretenir ensemble des relations susceptibles d'être considérées comme contraires à la morale ou ayant peu de chance de se voir jamais légitimées.

ART. 16. — Une invitation officielle est faite aux romanciers d'écrire de préférence sur des sujets d'histoire, ceux-ci ne leur pouvant jamais manquer.

ART. 17. — Obligation pour tout écrivain, publiciste, d'user, d'abord, de bonne foi et de modération dans ses appréciations personnelles en quelque matière que ce soit, puis d'une forme de langage toujours civile en toute polémique qu'il pourra avoir à soutenir ou qu'il aura cru devoir provoquer.

ART. 18. — Obligation pour tout orateur-conférencier,

politique ou religieux, de s'inspirer des termes de l'article 17 pour l'exposé de ses doctrines.

Art. 19. — Obligation pour les Compagnies d'Assurances contre le feu, de pourvoir, surtout les meuneries, des appareils les plus propres à prévenir les développements d'un commencement d'incendie.

Art. 20. — Création de quatre Loteries Municipales et annuelles dans toutes les villes de France et ayant toutes un but d'utilité publique.

A Paris, chacune de ces loteries comportera 250,000 numéros à 0 fr. 50 c. produisant ainsi 125,000 fr. sur lesquels 100,000 fr. seront divisés en 4,250 lots répartis comme suit (1) :

500 lots de 50 fr., ci.......	25.000 fr.
1.500 lots de 25 fr., ci.......	37.500 »
1.500 lots de 20 fr., ci.......	30.000 »
750 lots de 10 fr., ci.......	7.500 »
4.250	100.000 fr.

La proportion pour Paris, et en ne lui comptant que 2,000,000 d'habitants, se trouve être ainsi d'un huitième soit 125 numéros par 1,000 habitants et 58 lots par 1,000 numéros offerts. Mais dans les petites villes, à moins de ne procéder qu'à une ou deux loteries annuelles, cette proportion aurait besoin d'être augmentée.

CHAPITRE II

Où la nécessité de l'application de nouvelles conditions sociales se trouve démontrée

Tels sont, comme on vient de le voir, les articles que nous avions tout d'abord à faire connaître d'une façon succincte. Et, déjà, peut-être ne sont-ils pas sans éloquence.

---

(1) Attendu le but de ces loteries, il ne sera accordé aucune remise pour le placement de leurs billets. Les tirages devront s'effectuer dans les mêmes conditions que ceux des obligations de chemins de fer, soit par séries comprenant 100 numéros.

Mais quelque opinion que l'on puisse s'en former dès maintenant, nous pouvons dire que les développements que nous en avons faits et que nous présentons plus loin, en font ressortir davantage encore toute l'utilité. Nous sommes dès lors très convaincu que les termes de ces articles, et peu après qu'ils seront appliqués, apporteront dans les rapports entre les citoyens une harmonie dont, par malheur et pour leurs intérêts, ils ont toujours été privés.

Mais pour une constante observation d'égards et de bonne civilité entre les citoyens, il faut nécessairement que les pouvoirs publics interviennent. Ces pouvoirs sont la conséquence de tous et, étant donné, cette conséquence, ces mêmes pouvoirs ont pour premier devoir de prendre telles mesures par le moyen desquelles les droits, les biens et l'honneur de tous les citoyens soient entièrement sauvegardés. Pourquoi donc en est-on encore à provoquer, contre les actes dommageables d'un trop grand nombre, des mesures suffisamment protectrices? C'est, à notre avis, parce que les pouvoirs publics de tous les temps ont trop compté sur la vertu des ordonnances et commandements de l'autorité religieuse. Or, ces ordonnances et commandements, pourtant conçus, il faut le dire, en vue de rendre heureux par leur observation chacun des membres de la grande famille humaine, n'ont point donné le résultat qu'on pouvait en attendre. C'est qu'aussi bien, à se soumettre à l'observation desdites ordonnances et commandements, précepteurs, néophytes, maîtres et serviteurs ne s'y sont jamais vus que moralement obligés.

Ce n'est pas, cependant, que l'obligation purement morale pour une tenue correcte chez tous n'ait été reconnue depuis longtemps insuffisante, puisque tous les pouvoirs civils et religieux ont édicté des lois dans le but de réfréner. Mais, dans ces lois anciennes comme dans celles de nos jours, on constate un défaut, celui d'être applicables seulement après que des torts et méfaits se trouvent consommés.

Eh bien, après l'historique qui vient d'être fait de lois précaires, considérées jusqu'ici pourtant comme la sauvegarde sociale, ne peut-on pas se demander comment ces lois, aux effets desquelles, tout d'abord, ceux qu'elles visent peuvent parfois se soustraire, des lois qui n'ont pas su prévenir des méfaits dont la facile perpétration devait être funeste à ceux qui s'en rendraient coupables et à ceux que cette perpétration devait atteindre, on pourra se demander comment, encore, à des lois ayant fait comme inconsciemment et de tous temps un nombre incalculable de victimes, quelques lois plus prévoyantes n'aient pas été ajoutées.

Mais les pouvoirs publics de notre temps, répétons-le, sont suffisamment soucieux de voir diminuer, pour le profit de tous, les entreprises préjudiciables de quel-ques-uns, pour ne pas décréter ensemble, ou tout au moins séparément et bientôt, une série d'articles pouvant réglementer d'une façon heureuse les rapports des citoyens entre eux. Nous donnons donc ainsi et une fois de plus à entendre que de nouvelles lois civiles sont nécessaires. On ne saurait, en effet, oublier que c'est à l'insuffisance de celles déjà existantes que l'on doit de voir un trop grand nombre de citoyens déserter facilement, à quelque moment de leur vie, la voie du bien, celle du mal étant toujours ouverte faute d'être efficacement fermée (1).

Et pour justifier le cri tout de prévoyance que nous jetons, il nous suffira de rappeler que ni les moralistes d'aucun temps, ni le Christ lui-même ne sont parvenus à empêcher les iniquités sociales et autres qu'ils avaient à cœur de combattre de se produire. Or, on conviendra, sans nul doute, que tout ce qui précède revient à dire que c'est par défaut d'une sage réglementation que, de tous temps, comme auteur ou victime, à toutes sortes de maux et dès

---

(1) Comme nous venions de soumettre notre manière de voir sur ce point à un très savant directeur d'école communale, ce pédago-gue dont nous connaissions l'obligeance nous dit ceci : « Mais Aris-tote pensait déjà comme vous. Le même nous mit aussitôt sous les yeux une biographie de cet Ancien. Alors, nous ne fûmes pas peu surpris de voir qu'à plus de 2,300 ans d'intervalle, un savant et un homme peu instruit, tel que nous, avaient eu, sur une Question extrêmement importante, exactement les mêmes idées. Pour s'en convaincre, il nous suffira de rapporter ce que ce philosophe disait des lois, nous citons : « Il est difficile d'être dirigé dès l'enfance à la vertu, si l'on n'a pas le bonheur d'être élevé dans de bonnes lois. Aussi l'éducation des enfants et leurs travaux doivent-ils être réglés par la loi, car ses prescriptions ne seront plus pénibles pour eux quand elles seront devenues des habitudes. Il ne suffit pas seulement que les hommes reçoivent dans leur jeunesse une bonne éducation

sa naissance, chaque homme a été jusqu'ici fatalement condamné.

Mais les pouvoirs publics actuels voudront réformer une situation défavorable à tous les points de vue. Eh bien, comme notre confiance en ces pouvoirs nous fait espérer et dès lors entrevoir une heureuse solution, nous n'hésitons pas à prédire que la société sera conduite un jour dans une voie où elle trouvera profit et dignité. Et ayant ainsi tous motifs de se complaire dans ceux qui la régissent, dans chacun de ses membres, alors bien dirigés, la grande famille française se sentira régénérée.

CHAPITRE III

Devoirs des écoliers, conseils aux jeunes hommes sur lesquels la Nation est en droit de compter

Comme il nous faut attendre que l'heureux événement auquel nous venons de faire allusion se réalise, nous essayerons de mettre à profit le temps qui nous en sépare pour y préparer autant d'esprits que nous le pourrons. C'est dans ce but que nous nous adressons tout d'abord aux plus jeunes d'entre nous, soit à la jeunesse des écoles qui, entre le bien et le mal, sait déjà discerner. A ceux-là, donc, nous disons : Amis, votre toute première et humble condition sociale vous plaçant

---

et une culture convenable, il faut encore qu'une fois parvenus à l'âge viril, ils continuent cette vie et s'en fassent une habitude constante. Pour atteindre ce résultat, le secours des lois est encore nécessaire ; en un mot, il faut que la loi suive l'homme pendant son existence entière, car la plupart des hommes obéissent bien plutôt à la nécessité qu'à la raison, et deviennent, souvent pour peu de chose, oublieux de leurs devoirs et de l'honneur. Aussi les législateurs doivent-ils décréter des lois propres à prévenir des maux que, sans de telles lois, on serait contraint ensuite de réprimer. » Eh bien, que ressort-il de ce qui précède, si ce n'est que les conseils d'Aristote n'ont pas été suivis par ceux qui devaient s'en inspirer. Ceux-là seront alors jugés sévèrement par tous. Mais parce que tout change et s'améliore à la longue, il n'est pas douteux qu'aux mauvais vouloirs d'autrefois, et d'ailleurs apparemment calculés, ne succèdent enfin de meilleures volontés.

sous la garde tutélaire de parents qui ont souci de votre avenir et qui ne réclament de vous, en échange de tous leurs soins et d'une amitié parfaite, qu'une raisonnable docilité, ayez aussi souci de vous soumettre à cette première obligation. Et à l'égard de vos maîtres d'études, ne manquez pas de joindre aux marques d'un respect obligatoire, une intime et bonne considération que déjà vos progrès et succès scolaires leur ont bien méritée. Ne manquez pas non plus de vous rendre serviables envers vos condiciples, évitez-leur tout sujet pouvant faire naître un sentiment d'inimitié. Prêchant ainsi d'exemple, vous acquerrez des droits à leur égard et en exigeriez au besoin, en en référant à des tiers, la juste réciprocité.

Nous suivons maintenant ceux d'entre vous qui occupent ou vont occuper bientôt une place déjà un peu plus grande dans la vie, en faisant l'apprentissage de tel état ou industrie auquel, pour des raisons d'ordre social, il leur faut nécessairement s'adonner. Eh bien, sans nous étendre beaucoup sur leurs nouveaux devoirs, nous leur disons cependant que, prenant par cela même certains engagements envers la société, ils ont à se souvenir que, pour le profit de cette dernière, pour celui de leurs proches et le leur, à ces engagements, ils devront faire preuve d'une convenable assiduité. Nous les entretiendrons maintenant de ceux avec lesquels ils se trouvent déjà où se trouveront mis en contact et leur disons : Si parmi ceux-là ils s'en trouvaient qui, d'une manière ou d'une autre, eussent le secret dessein de vous désobliger, vous reconnaîtrez vite de tels esprits à ceci : Qu'ils n'ont jamais, sur les conseils qu'ils prodiguent, de bonnes et honnêtes raisons à donner.

Nous croyons aussi devoir vous mettre en garde contre le fait de vous laisser porter, sans examen, sur les ailes toujours rapides des illusions, afin que vous ne vous abusiez pas sur certaines apparences, et dans l'attrait desquelles les sens et nullement la raison pourraient vous entraîner.

Il est arrivé, en effet, à beaucoup de jeunes hommes, par exemple, de s'être laissés séduire par l'allure gracieuse et le physique agréable d'autres personnes. Et de celles-ci, ils se sont fait une opinion favorable à ce point, qu'ils leur vouèrent ensuite, trop tôt et sans conseils, la meilleure part de leurs pensées. Mais, faisant ainsi, ils ne considéraient pas qu'ils ne le cédaient en rien eux-mêmes aux dites personnes pourvu qu'ils pouvaient être comme ces dernières de quelque qualité.

Plus occupés, ainsi, d'une sujétion inopportune que de leurs devoirs, alors forcément négligés, ils oubliaient que, dans la vie, les situations qui assurent des bonheurs durables ne s'acquièrent qu'à la faveur d'une tenue correcte à tous égards, tenue qui reçoit sa récompense dans ce fait : Qu'elle est toujours heureusement remarquée. Mais après s'être fait illusion pendant un temps et avoir dévié du chemin d'abord moralement indiqué, beaucoup de jeunes hommes purent reconnaître, un peu tard, que ce chemin, pour être parcouru avec succès, devait être soigneusement observé.

Eh bien, ainsi prévenus d'un pernicieux écueil, ceux avec lesquels nous nous entretenons en ce moment seront, nous n'en doutons pas, d'autant plus circonspects, nous pensons même qu'ils auront souci d'être, en tous leurs actes, constamment félicités. Ce serait là pour eux certainement et dans d'autres conditions d'existence, une tâche un peu rude mais, en vertu d'une réglementation au moyen de laquelle tous les travers humains sont en partie prévenus, cette tâche, répétons-nous, leur est singulièrement facilitée.

Ceux qui font le tendre et soucieux objet de ces lignes sont donc appelés à mettre en pratique, un peu forcément mais sans déplaisir au moins, les beaux et utiles préceptes du Christ, lesquels, outre qu'ils condamnent le mal sous toutes ses formes, veulent encore que les hommes ne négligent nulle occasion de s'entr'aider.

Nous les supposons maintenant être devenus des hommes à leur tour et devoir faire bientôt partie de ceux au courage et à la vaillance desquels, l'honneur de la Nation a toujours été confié. Dans cette nouvelle condition, ils s'inspireront certainement des meilleurs exemples de discipline, d'abnégation et de bravoure et, au moment où il pourrait leur être demandé de faire preuve de si nobles qualités, ils se souviendraient qu'il est certains signes et emblèmes qui grandissent le guerrier. Et comme nous pouvons croire que tous paieront glorieusement l'impôt du sang à la Patrie, nous les supposons aussi être de retour parmi ceux qu'ils auront dû momentanément quitter. Alors, et les accompagnant toujours, nous pouvons facilement leur prédire que tous, ou presque tous songeront à devenir chefs de familles au sein desquelles, et très dignes qu'ils en seront, des bonheurs divers leur sont dès maintenant réservés. Telles sont nos prédictions, auxquelles nous joignons un souhait, celui d'une longue durée. Or, ce souhait nous paraît d'autant plus réalisable que, à tous leurs actes la bonne foi, obligatoire ou volontaire, se trouvera constamment associée. Très sûr donc que nous sommes qu'ils devront en user envers tous avec franchise, que dès lors ils s'éviteront à eux-mêmes et aux autres de très importuns soucis, il nous est aisé de croire que l'avenir leur réserve de longs ans et de multiples prospérités.

Et maintenant que nous vous avons dit, chers amis, comment il nous est permis de vous présager un bien attrayant avenir, nous devons vous dire pourquoi vous devez nécessairement et grandement l'apprécier. C'est parce que vous le devrez à l'observation de règles opportunes, et par le moyen desquelles vous pourrez mieux qu'à leur défaut, ainsi qu'il en a été pour nous, vous complaire, d'abord dans votre propre industrie, source de bien-être, alors convenablement protégée. Puis, en profitant, et toujours mieux que nous, des innovations souvent ingénieuses des autres, et dont le but tend toujours à quelque commodité. Puis encore en pouvant, peu soucieux et dès lors bien à vous-mêmes, admirer les beautés des divers arts ; en pouvant aussi et largement profiter des découvertes dues, soit à d'éminents chirurgiens et chimistes, soit à de courageux explorateurs, tant de la surface terrestre que des régions étoilées. Enfin, en pouvant et mieux que jamais vous rendre compte des lois de la Nature, ainsi que des causes auxquelles on doit, dans les produits de celle-ci, une si grande diversité.

Eh bien, nous ne saurions taire, chers amis, qu'un

autre motif de bonheur vient se joindre encore, et d'une façon non moins certaine, aux précédents. Nous estimons, en effet, que vous devez avoir peu d'inquiétudes au sujet de jours sombres, de jours tels que ceux qu'il nous fut donné de voir, jours néfastes que l'histoire de notre époque (1870-71) vous redira, et aux divers instants desquels, dans leurs affections familiales, leurs biens, -leurs sentiments patriotiques et leur vie, vingt millions, au moins, de citoyens furent terriblement frappés. Mais nous espérons encore pour vous que si des jours semant l'émoi vous étaient annoncés, ceux-là auraient un résultat contraire. Cependant, nous préférerions, et de beaucoup, que votre manière d'être, toujours correcte et digne, reçût sa récompense en ceci : que jugés sans parti pris par les grands comme par les humbles d'entre les autres peuples, tous vous accordent, les derniers surtout, une amitié franche et durable. Et que faudrait-il donc tant pour qu'un fait si heureux se produise? Il faudra que vous leur rappeliez avec vos meilleurs sentiments que nous, vos pères et avant nous nos ancêtres communs, nous n'avons combattu les leurs, que contraints et forcés.

Enfin, comme tous ceux auxquels nous consacrons nos instants, et nos pensées l'ont pu voir dans les pages précédentes, nous faisons une grande différence entre le temps que nous avons vécu déjà et le temps à venir. C'est cette perspective encourageante qui nous fait dire encore que leurs jours, au milieu de leurs rapports mutuels améliorés, s'écouleront dans une parfaite quiétude ; qu'ils n'auront à se faire à eux-mêmes aucun reproche et que, sains d'esprit, sinon de corps, et alors plus près du terme de la vie, ils pourront dire à leurs fils : Quel que soit l'inconnu que la mort réserve, attendu nos actes, nous pensons pouvoir heureusement l'accepter. Eh bien, nous les engageons d'autant plus à se faire une haute idée de ce fâcheux moment, que d'aucuns parmi les instruits assurent que nous avons une âme, d'essence aussi subtile que la pensée et qui, après la mort de notre corps, doit atteindre au sein de l'Univers une zone obscure ou lumineuse, selon les œuvres bonnes ou mauvaises auxquelles elle se sera adonnée.

Nous devons pourtant dire qu'aucune zone de la sorte

à laquelle nous venons de faire allusion n'a été rencontrée. Toutefois, et malgré ce fait certainement décevant, nous pouvons concevoir ce que peut et doit être cette âme ; nous n'avons pour cela qu'à la comparer à notre esprit qui, dans nos songes, dans une même heure et en des points fort distants les uns des autres, se trouve parfois si facilement transporté. Or, nous ne pensons pas que ce soit de lui-même qu'il accomplit presque chaque jour et de façons, souvent fort utiles, de si lointains voyages, nous pensons plutôt qu'en cela un génie quelconque l'a guidé. Et d'un tel fait, nous demandons la permission de donner aussitôt quelques preuves, bien faites pour faire admettre que le surnaturel, tombé en défaveur chez bon nombre d'esprits, par ceux-là mêmes, pourra ensuite être mieux apprécié. En effet, car, outre un plus ou moins grand nombre de raisons que beaucoup de personnes peuvent avoir sur ce point (1), voici ce qu'un savant très estimable, nous désignons ainsi M. Louis Figuier, nous fait connaître dans un de ces nombreux et beaux ouvrages : « Le lendemain de la mort » ce savant nous dit : « Un Italien de nos amis, le comte de B... a perdu sa mère, il y a déjà près de quarante ans. Il nous a assuré qu'il n'a pas manqué un seul jour d'être en communication avec elle. Il ajoute que c'est à l'influence constante, aux avis secrets qu'il reçoit de sa mère défunte qu'il a dû la bonne direction qu'il a donnée à sa vie, à ses travaux, à sa carrière, et le bonheur qui a toujours présidé à ses entreprises. »

« Le docteur V... matérialiste déclaré, et qui, selon le terme consacré, ne croit à rien, croit pourtant à sa mère. Comme le comte de B... il l'a perdue de bonne heure, et il n'a cessé de sentir sa présence. Il nous disait qu'il est plus souvent avec sa mère morte, qu'il n'était avec sa mère vivante. Cet apôtre déclaré du matérialisme médical a, sans douter, des entretiens avec une âme envolée. »

---

(1) L'auteur se propose de dire dans une autre édition ce qui lui est advenu touchant ce point. Il fera également mention des circonstances se rapportant au dit point et que toute personne aura bien voulu lui faire connaître d'ici-là. L'auteur ne saurait même cacher son désir de voir que la question du surnaturel, si difficile à débattre individuellement, fût un jour officiellement élucidée.

« Un journaliste célèbre, M. R..., a perdu un fils de vingt-quatre ans, esprit charmant et doux, écrivain et poète. M. R... a, chaque jour, une conversation intime avec ce fils qu'il a perdu. Un quart d'heure de recueillement solitaire lui permet de se retrouver en commerce avec l'être enlevé à sa tendresse. »

« M. L..., avocat, entretient les mêmes relations constantes avec l'âme envolée de sa sœur, qui réunissait, à son dire, toutes les perfections humaines, et qui ne manque jamais d'éclairer utilement son frère dans toutes les difficultés grandes ou petites de sa vie. »

Et M. Figuier nous dit encore : « Je connais un financier très admiré pour ses capacités en affaires. Quand une difficulté le surprend, il s'arrête, sans se donner la peine de se fatiguer à la recherche de la solution. Il attend, et sait bien que l'idée qui lui manque viendra sans qu'il s'en doute. Et, soit au bout de quelques jours, au bout de quelques heures, l'idée attendue lui arrive, en effet, spontanément. Cet homme heureux et admiré a éprouvé une des plus grandes douleurs que le cœur humain puisse ressentir : il a perdu un fils unique, âgé de dix-sept ans, en qui se résumaient toutes les qualités de l'âge mûr et toutes les grâces de la jeunesse. »

Eh bien, aux citations qui préccèdent, nous ajouterons seulement deux cas, d'abord celui de Jeanne d'Arc, que nombre d'historiens sincères estiment pour appartenir au domaine du surnaturel. Puis, celui de Jacques de Molay et du commandeur de Normandie, tous deux grands maîtres de ces chevaliers religieux, désignés sous le nom de « Templiers » que Philippe IV, dit le Bel, fit brûler vifs le 18 mars 1314, après leur avoir fait imputer, par convoitise de leurs biens, des crimes qu'ils n'avaient pas commis. Sur le point de mourir, le premier de ces deux hommes prédit à Philippe, ainsi qu'au pape Clément V, également cause de leur mort, qu'ils avaient fort peu de temps à vivre. Et cette double prédiction se trouva, en effet, confirmée.

Nous bornons donc là nos citations, mais sans que le nombre, ainsi que nous le donnons à entendre plus haut, en soit pour cela aucunement épuisé.

CHAPITRE IV

Développement des articles d'abord
succinctement exposés

Nous croyons le moment venu, maintenant, de développer, dans de courts considérants, l'économie qui résultera de la mise en vigueur des articles que nous avons d'abord indiqués d'une façon succincte. Nous les rappellerons alors dans l'ordre qu'on les a vus déjà. Nous demanderons seulement pardon au lecteur pour l'ennui que pourra lui causer la répétition, un peu obligée, de quelques mots, mais qui, du moins, lui évitera la peine de se reporter à une première nomenclature. Ceci dit, nous commençons.

ARTICLE PREMIER. — Attendu les termes de cet article, lesquels concluent à l'initiation dans les écoles à de nouvelles conditions sociales, nous considérons avantageux, pour tout le monde, qu'en vertu des termes de ce même article, les enfants apprennent mieux qu'autrefois à se connaître ; à connaître mieux aussi toutes leurs obligations présentes et futures, ainsi que les circonstances auxquelles il leur serait préjudiciable de s'arrêter. Enfin, qu'ils n'ignorent pas plus longtemps qu'ils peuvent marcher confiants dans la vie, toutes les choses nécessaires et maintes satisfactions en plus leur étant dès maintenant assurées.

La mise en vigueur de ce même article aura encore certainement pour effet de montrer aux enfants des buts encourageants et précis à atteindre, éducation dont se louera ensuite et sans nul doute toute la société.

ART. 2. — En raison des résultats que l'on peut attendre de la création de Sociétés de Secours Mutuels là où il n'en existe pas encore, chacun, nous n'en doutons pas, voudra déjà croire avec nous, qu'en vertu des six paragraphes de cet article, la condition jusqu'ici si précaire des travailleurs ne puisse être aussitôt beaucoup moins anxieusement envisagée. La mise en vigueur de ce même article fait même espérer que l'un des trois mots écrits au fronton de nos monuments, celui de « Fraternité », doit cesser d'être vain, son équivalent se trouvant dans le fait du groupement de tous les citoyens, d'où la consécration de deux autres mots non moins profonds et également pleins de promesses : Mutualité et Solidarité.

Art. 3. — Etant donné l'obligation pour tous les citoyens de se pourvoir d'un livret de résidence et sur la production duquel chacun justifiera ou non de son honorabilité, nous estimons, pour profitable à tous, qu'en vertu des termes de cet article, les citoyens, au cas de changement d'arrondissement dans Paris et de résidence en province, et qui n'auraient donné lieu à aucune plainte prévue par les articles 6 et 7, puissent faire à leur départ apposer sur leur livret le visa de la Mairie.

Un livret de résidence, visé ainsi qu'il vient d'être dit, ne manquera pas de tenir lieu à son titulaire d'une bonne recommandation, et de laquelle chacun aura aussitôt à prendre soin de ne pas se priver. La mise en vigueur de ce même article aura, on n'en saurait douter, pour effet, de rappeler à un plus ou moins grand nombre, et en temps opportun, les conséquences qu'auraient pour lui un laisser aller à quelque fâcheuse velléité.

Et pour que l'esprit du présent article ne puisse être méconnu ni faussé, un tableau *ad hoc*, appendu dans le vestibule de chaque mairie, fera mention des plaintes, préalablement reconnues fondées.

Art. 4. — En raison du droit donné à tout porteur de créances de présenter ses mémoires à celui ou ceux qui fournissent un salaire à quelque débiteur manquant de loyauté, il n'y a point de doute qu'il ne paraisse avantageux au plus grand nombre, qu'en vertu des termes de cet article, tout porteur de créances ait, pour premier recours, la faculté de présenter tous mémoires à celui ou ceux qui emploient, souvent sans le savoir, des débiteurs peu empressés. La mise en vigueur de ce même article, tout en rendant ceux qui emploient du monde favorables à la première partie, les érigera encore en gens utiles à la seconde, par les conseils officieux qu'ils lui pourront donner. Mais il est surtout permis de croire que les termes de ce même article, encore, en imposeront tout d'abord à ceux qu'ils veulent viser.

Art. 5. — En raison aussi de la restriction visant les grandes Entreprises et Sociétés, et édictée par cet article, nul doute non plus qu'il ne semble bon à tous qu'en vertu des termes de ce même article, des salaires insuffisants et dès lors immoraux (1) cessent au plus tôt d'être imposés. Puis, qu'aux services rendus par surcroît, une compensation pécunière ou un temps équivalent de repos soit accordé. La mise en vigueur du présent article sauvegardera alors les intérêts du plus grand nombre, de ceux qui ont constamment concouru à toutes les satisfactions, aux diverses prospérités de ceux qui, tout en les privant souvent d'égards, étaient encore fort aise de les utiliser.

Art. 6. — Attendu les termes de cet article, lesquels font connaître que toute plainte sera toujours reçue comme il convient, le plus grand nombre verra encore avec plaisir certainement qu'en vertu des termes de ce même article, chacun ait un tout premier et facile moyen de se pourvoir contre tout malintentionné. La mise en vigueur de ce même article assurera encore, aussitôt à tous, le respect dû à leurs intérêts, à leur personne si modeste qu'elle puisse être, ou revêtue d'autorité (2).

Art. 7. — Attendu aussi l'obligation pour tout citoyen de faire sans délai la démarche prévue par l'article qui précède, on ne verra pas sans plaisir qu'en vertu des termes de cet article, aucune plainte exposée sincèrement puisse devenir un motif à ressentiment pour celui qui y aura donné lieu, mais être, au contraire, et pour celui-là, une occasion de s'amender. La mise en vigueur de ce même article légitimera alors et pleinement, aux yeux de tous, toute plainte que, dans son propre intérêt ou même celui des

---

(1) Les conséquences de tels salaires sont : d'imposer à de modestes travailleurs et dont on ne saurait se passer une existence souvent des plus précaires et à laquelle, par des expédients déshonnêtes, un grand nombre tente de se dérober.

(2) Disons, pour compléter l'esprit de cet article, qu'il veut que, dans les rapports entre les citoyens, l'arbitraire, penchant honteux pour qui s'y complait, soit rendu difficile, justement réprimé.

autres, quiconque aura jugé honnêtement de cette nécessité.

Art. 8. — Attendu encore l'obligation pour tout citoyen d'établir en Justice de paix le bien fondé de quelque plainte, on estimera pour bon, nous en sommes sûr, qu'en vertu des termes de cet article, toute plainte ait constamment le caractère de la plus stricte vérité. La mise en vigueur de ce même article, en permettant de dévoiler tout acte répréhensible, aura immanquablement pour effet de contenir chacun dans le devoir, lequel ne pourra plus être qu'exceptionnellement déserté.

Art. 9. — En raison d'un contrôle officiel sur toute demande et gérance de fonds publics, il ne sera pas moins favorable à tous qu'en vertu des termes de cet article, nul ne puisse plus être trompé aussi facilement qu'autrefois, dans quelque placement de fonds qu'il pourrait faire. La mise en vigueur de ce même article rendra alors à peu près impossible de scandaleux désastres financiers.

Art. 10. — En raison aussi de l'obligation pour tout propriétaire de se renseigner sur les moyens d'existence de ceux à qui il aura loué, nous considérons encore avantageux pour la plupart des citoyens qu'en vertu des termes de cet article, ceux qui vivent d'expédients préjudiciables aux autres ne puissent plus longtemps se dérober. La mise en vigueur de ce même article assurera dès lors à beaucoup d'intérêts une absolue sécurité.

Art. 11. — En raison encore de l'obligation pour tout citoyen nécessiteux de faire part de sa situation précaire aux autorités de son endroit, chacun reconnaîtra qu'il est de la dignité de tous qu'en vertu des termes de cet article, aucune situation digne d'intérêt ne reste pas inconnue. La mise en vigueur de ce même article préviendra certainement chez plusieurs des déterminations funestes et, qu'à plus d'un point de vue, on le devine, on pourrait avoir ensuite à déplorer.

Art. 12. — Etant donné les termes de cet article, lesquels concluent à l'application du maximum de la peine édictée, et au cas d'infraction à l'article 11, le plus grand nombre considérera encore comme un bien qu'en vertu des termes de ce même article, tout citoyen, en partie prémuni déjà contre l'adversité par la création de Sociétés de Secours Mutuels, là où il n'en existe pas encore, et préconisée par l'article 2, ait dès son entrée dans la vie la certitude de ne s'y voir jamais abandonné. La mise en vigueur de ce même article, encore, aura d'abord pour effet de retenir dans le droit chemin ceux qui, faute d'être secourus, auraient pu en sortir. Puis, attendu l'exercice de justes sévérités, maintenir longuement loin de tous ceux qui, après s'être rendus coupables une première fois envers la Société, en seraient exclus pour peu de temps, d'après des lois par trop bénignes, et qui de retour parmi cette dernière, vivraient de nouveau et d'autant plus vite à ses dépens, état de choses qu'il importe au plus haut point de faire cesser.

Art. 13. — En raison des retenues prévues par les trois premiers paragraphes de cet article et des divers usages qui en seront faits, on ne verra pas sans bonheur, pensons-nous, qu'en vertu des termes des quatre paragraphes de cet article, ceux qui sont mis à contribution, aient en revanche et pour première satisfaction de se voir vivre dans un milieu constamment salubre, puis d'avoir l'assurance qu'ils seraient secourus eux-mêmes dans le cas où leur situation d'abord excellente surviendrait à changer. La mise en vigueur de ce même article, tout en mettant fin à l'indifférence des heureux envers les autres, consacrera en même temps le principe si naturel mais un peu méconnu de la fraternité.

Art. 14. — En raison aussi de la suppression du travail dans les prisons ainsi que celle du régime en commun dans ces dernières, nous sommes bien convaincu des avantages que tous retireront de l'application des termes des deux paragraphes de cet article. La mise en vigueur de ce même article, tout en témoignant de beaucoup de sollicitude pour un grand nombre, fera encore que les prisons, destinées d'ailleurs qu'elles furent en tous les temps à être des lieux de privations, seront toujours plus craintes, partant de moins en moins fréquentées.

Art. 15. — Nous croyons encore avantageux pour tous qu'en vertu des termes de cet article, à des choses

exclusivement profitables à leurs intérêts, ceux que ces
termes visent pourront d'autant mieux se consacrer : contenus dans le devoir, ils perdront moins de vue, certainement, qu'ils doivent avoir souci de leur honneur, celui de leurs proches s'y trouvant encore étroitement attaché. La mise en vigueur de ce même article, tout en devenant la sauvegarde de nombreux et divers intérêts, fera aussi que de désillusions pénibles et même amères beaucoup se trouveront préservés.

Art. 16. — Un grand nombre considérera comme un bien, sans doute, qu'en vertu des termes de cet article à des personnages imaginaires et alors fort peu dignes et d'intérêt et d'attention, dont les diverses situations dans lesquelles on les présente sont nécessairement inventées, des personnages ayant vécu, et dont le caractère ou bien les aventures sont les plus propres à enseigner, deviennent au plus tôt les sujets des recherches des romanciers. Et ceux-ci, cessant alors d'entretenir à peu près inutilement leurs lecteurs de tous ceux-là, sauront mieux mériter. La mise en vigueur de ce même article, en même temps qu'elle obligera moralement certains savants à faire preuve d'une saine logique, aura encore pour résultat que, dans sa religion ou ses intérêts, nul ne se trouvera plus ni surpris ni trompé.

Art. 17. — Ce devra être une chose également agréable pour tous qu'en vertu des termes de cet article, nul ne soit plus, ainsi qu'il en aura été antérieurement trop souvent, induit en erreur par la façon déloyale avec laquelle beaucoup de questions furent traitées. La mise en vigueur de ce même article, tout en obligeant un certain nombre d'écrivains à plus de bienséance, leur épargnera en même temps la honte de s'être faits les ennemis de toute saine morale, ou les amants de quelque politique sans équité.

Art. 18. — Il ne sera pas moins agréable pour tous, non plus qu'en vertu des termes de cet article, dans ce qu'exposent ceux que ces termes visent, leur intérêt personnel et non celui de tous ne se trouve plus exclusivement engagé. La mise en vigueur de ce même article aura ce double effet : de rendre un service très appréciable à quelque auditoire que ce soit, ainsi qu'à celui qui voudra s'en voir utilement écouté.

Art. 19. — Nul doute que l'on ne veuille encore considérer comme une chose utile qu'en vertu des termes de cet article, des intérêts communs, dès lors sociaux de premier ordre, ceux aussi des Compagnies et malgré quelques débours, tous ces intérêts ensemble se trouvent moins exposés. La mise en vigueur de ce même article, indépendamment qu'elle deviendra une garantie pour de nombreux et divers intérêts, préviendra encore des accidents de personnes, et à la suite desquels des dédommagements à supporter par tous sont toujours imposés.

Art. 20. — On sera encore unanime à reconnaître, pensons-nous, qu'en vertu des termes de cet article, si les chances de gain sont chacune de petite importance, leur grand nombre doit les recommander. La mise en vigueur de ce même article, en même temps qu'elle sera une application heureuse des principes émanant des précurseurs de la Démocratie, sera aussi une cause favorable à l'entretien parmi tous d'une nécessaire activité.

CHAPITRE V

Des raisons qui militent en faveur de la République comme forme de Gouvernement.

Et maintenant, peut-être qu'aux articles qui précèdent et pour rendre absolument parfaits les rapports entre tous les citoyens, quelques règles encore pourraient être formulées. Mais c'est là un soin que, pour le moment, nous laissons à quelque autre non moins soucieux que nous du bien commun, soucieux par conséquent de la réalisation des progrès en toutes choses et de la glorification universelle de philanthropiques ou patriotiques idées.

Et maintenant encore, après avoir indiqué des règles touchant particulièrement les citoyens, nous croyons devoir dire un mot de celles auxquelles ceux qui les gouvernent se trouvent soumis eux-mêmes. Considérons d’abord comment, d’après des conventions, des précédents, s’exerce et se transmet un gouvernement : dans chaque Etat, par celui ou ceux qui sont investis du pouvoir, et que ce soit par voie de suffrages ou bien d’hérédité, des lois dites constitutionnelles doivent être tout d’abord respectées.

Or, ces lois auxquelles il vient d’être fait allusion, outre qu’elles prévoient certains cas, celui de succession entre autres, qu’elles assurent le fonctionnement de plusieurs grandes institutions comme celles de la Justice, par exemple, donnent aussi à croire à tous que les intérêts de la Nation et l’intégralité de son sol seront patriotiquement défendus et gardés. Eh bien, malgré l’espérance que pouvait faire naître sur ce dernier point la prestation d’un serment dit de fidélité à ces lois, et de la part des représentants du pouvoir, l’histoire de tous les temps révèle que, dans cette espérance, les peuples, par suite d’entreprises inopportunes et parfois fort coupables, ont presque toujours été trompés.

A quelle cause donc le contretemps que nous venons de dire doit-il être attribué ? A celle que les peuples n’ont été considérés par leurs conducteurs que comme des troupeaux dont la chair du plus grand nombre des sujets était de peu de prix, et dont la laine seulement pouvait être appréciée. C’est de cette laine, en effet, ou toison d’or au figuré, que ces conducteurs, que nous comparerons ici et pour la plupart à des bergers par trop vulgaires, sont amplement pourvus du nécessaire, même au delà, et, oublieux, dès lors peu reconnaissants et même ingrats envers ceux de qui leur vient toute abondance, ils n’ont pas suffisamment souci de la bien mériter. Il serait temps cependant, après six mille ans d’histoire écrite sur les cent mille et plus probablement que compte néanmoins l’Humanité, que ces conducteurs, pour leur propre bien et celui aussi du plus grand nombre, s’inspirent davantage de leurs devoirs, fassent de la toison (1) un

---

(1) Relativement à cette toison, qui ne sait qu’elle doit fournir annuellement, à chacun des principaux détenteurs du Pouvoir personnel, près de quarante millions de francs. Or, au renvoi qui suit, on verra comment et par qui une telle somme, occasion de maux au lieu de biens, a pu être octroyée.

usage utile à tous et cessent au plus vite de trop en exiger (1). Or, ceux qui de nos jours et en France détiennent le pouvoir nous donnent toute assurance à cet égard, même à tous autres, nul ne pouvant loyalement disconvenir qu'ils ne veuillent grandement s'intéresser au bien commun. Il est seulement vrai de dire qu'ils exercent le pouvoir sous une forme gouvernementale qui les rend directement envers tous responsables de leurs actes. Mais si cette responsabilité ne leur permet aucun écart, au moins est-elle une preuve de leurs capacités.

Voyons donc comment cette forme, dite *Républicaine*, et essayée trois fois déjà mais en de trop longs intervalles de temps, semble-t-elle devoir être définitive enfin et pour toujours assurée ? C'est que, dans certains hommes tels que Saül, David et Salomon qui, sous une autre forme, la *Monarchie*, exercèrent individuellement le pouvoir, Dieu ou Esprit surnaturel, dont l'existence si contestée qu'elle soit peut aussi être admise, se vit d'abord au temps de ces trois hommes et dans tous leurs successeurs ensuite toujours imparfaitement remplacé. Premièrement, auprès du peuple hébreu qui, à l'origine, fut plus immédiatement soumis à son autorité, D'après l'histoire de ce peuple, cet Esprit désignait lui-même des hommes auxquels il octroyait le titre de conducteurs ; il était ainsi près de tous

---

(1) Mais qui ne sait encore que chaque conducteur est suivi immédiatement par les premiers sujets du troupeau et que ceux-ci, après avoir consenti ou fixé de leur propre initiative le taux onéreux pour tous du tout premier prélèvement indiqué plus haut, ont soumis à la sanction du conducteur devenu leur maître, et aussi leur obligé, le taux extrêmement élevé encore et à leur profit d'un second prélèvement. Ils décidèrent ensuite d'autres prélèvements, afin d'assurer les services occasionnés par chaque troupeau ; sur ceux-ci, ils accordèrent aussitôt largement à ceux qui venaient après eux, et sans beaucoup en exiger ; supposons que ceux-ci remplissaient fonctions de ministres, de trésoriers généraux, ou de quelques autres analogues. Enfin, à ceux qui venaient encore après et quoique leurs obligations fussent plus grandes, il sembla aux tous précédents, qu'il pouvait être de moins en moins accordé. Or, tous ensemble formèrent un nombre auquel, alors, le pain de chaque jour se trouvait assuré Quant à ceux formant le plus gros d'un troupeau, après avoir pourvu à tous les précédents, force leur était et leur est encore de se pourvoir à eux-mêmes. Aussi, bien heureux celui d'entre eux qui ne s'est pas vu aux prises, comme la plupart, avec de poignantes et parfois insurmontables difficultés.

directement représenté. Mais ce peuple de circoncis et descendants d'Abraham, homme avec lequel ce même Esprit avait fait antérieurement alliance, peuple alors particulièrement affectionné, pourrait-on croire, à l'exemple de ses voisins, sollicita et obtint de Samüel son dernier conducteur d'être régi par la forme gouvernementale que nous citons plus haut.

Comme on le voit, nous établissons historiquement que la forme monarchique sollicitée qu'elle fut par un peuple dont beaucoup parmi nous descendent directement, n'a rien de divin ni d'immuable ainsi que certains esprits le veulent soutenir. On peut dès lors avancer que ces esprits, voire même les plus en vue d'entre eux, se trompent étrangement, et qu'il s'ensuit que tous ceux qu'ils entretiennent ou gagnent à leur manière de voir sont pitoyablement abusés.

Et déjà, combien le peuple hébreu n'eut-il pas à se repentir du choix qu'il venait de faire d'une autre institution, étant advenu, ce qui était inévitable, que ceux que cette institution élevait au-dessus des autres ne pouvaient pas, étant donné mille influences, user toujours sagement de leur autorité. A ceux donc de nos contemporains qui en sont encore à regretter la disparition de cette autorité, et malgré les durs et parfois terribles enseignements de l'histoire, à ceux-là, nous demanderons la permission de leur rappeler ce que dit M. Thiers à la fin de son *Histoire du Consulat et de l'Empire*, cet impérissable monument élevé par lui à la gloire de son pays bien plus qu'à la gloire d'un homme. Nous citons (1) : « Si grand, si sensé, si vaste que soit le génie d'un homme, jamais il ne faut lui livrer les destinées d'un pays... Jamais il ne faut livrer la patrie à un homme, n'importe l'homme, n'im-

---

(1) Nous ne saurions hésiter un instant à dire que nous ne devons de pouvoir faire cette citation qu'après avoir annoté, pour le conserver, un des mille journaux qui ont reproduit le beau discours que M. Méline a prononcé à Versailles le 5 mai 1889, date centenaire de la réunion dans cette ville des Etats-Généraux convoqués par Louis XVI qui, mal conseillé par la noblesse et à bout d'expédients, ne pouvait plus gouverner. C'est donc à cet ancien et sympathique président de la Chambre des Députés, mais auquel succède très dignement M. Ch. Floquet, que nous sommes redevable de ladite citation.

portent les circonstances... C'est le dernier cri qui
s'échappe de mon cœur, cri sincère que je voudrais faire
parvenir au cœur de tous les Français, afin de leur per·
suader à tous qu'il ne faut jamais aliéner sa liberté. »

Eh bien ! voilà, ce nous semble, une exhortation ample·
ment suffisante pour prémunir un peuple contre toute
surprise pouvant se traduire quelquefois par la perte d'une
partie de son patrimoine national et celle encore de sa
liberté, et à la faveur exclusive de laquelle pourtant les
progrès sociaux, intellectuels et même moraux seront plus
vite réalisés. Mais en faisant des souhaits pour un idéal si
naturel et facilement réalisable, nous ne pouvons pas ne
pas penser aux différents instants de deux époques prin-
cipales où cet idéal, au moment de devenir un fait
accompli, devait être encore pour longtemps ajourné. Et
ces deux époques se trouvent, on le devine sans peine,
dans les dates de 1789-99, 1848-51, et tout au commencement desquelles le plus grand nombre secoua le joug
d'une longue et trop pesante servitude, toute à la honte de
ceux qui eurent le triste courage de l'imposer.

Puis vint une troisième époque, plus moderne celle-là,
sa date étant 1870-71, et dont on ne sait que trop par
qui, les moments et les faits douloureusement marquants,
auxquels nous avons fait allusion plus haut, en ont été
décidés.

Enfin, il fut aussi une quatrième époque, le millésime
de celle-ci est 1889. L'instant le plus critique de cette
dernière fut la période des élections générales du 22 septembre, et qui a été considérée par les ennemis de la
République, désespérant tous de leur cause respective,
comme une occasion nouvelle et favorable de donner le
change à l'opinion. Tous, en effet, déguisèrent leur in-
tention d'établir une dictature, et cela, chose extrêmement
triste à dire, dans un homme rejeté de l'Armée. Or, beaucoup frémissent encore d'indignation à la pensée que la
réussite d'une pareille tentative aurait pu les priver, une
fois de plus, d'un bien non point particulier mais général,
et auquel, par cela même, la raison veut que tous
soient toujours plus étroitement attachés.

Beaucoup d'esprits, et nous fûmes de ce nombre, crai-
gnirent que cette entreprise ne réussît. Leurs craintes

venaient, premièrement, de la prodigalité et de la nature des promesses faites en ce moment par ceux qui se trouvent désignés plus haut, et par le moyen desquelles promesses un nombre plus considérable encore qu'il ne le fut pouvait se laisser, ou simplement surprendre ou trop facilement gagner. Et secondement, en ce que les défenseurs les plus autorisés de la forme républicaine semblaient croire, ainsi que le donnait à penser leur silence, que cette forme n'avait déjà plus besoin d'être défendue ou exaltée.

Eh bien, pour obvier au silence auquel il vient d'être fait allusion, nous avions conçu successivement, d'abord un spécimen de *déclaration gouvernementale*, et dont la publicité par toute la France, après qu'elle eût établi historiquement le mal fondé des accusations des ennemis politiques des gouvernants, aurait pu amener un certain nombre d'esprits à exprimer sainement, nous voulons dire en bonne connaissance de cause, une préférence pour la forme républicaine, mais, nous en étant tenu à l'offre que nous avions faite de ce document, à un journal qui redoutait moins que nous de la situation, ce document demeura lettre morte. Puis un vœu pouvant, dans notre pensée, tenir lieu du travail dont nous venons de faire mention, mais que notre inexpérience de la tribune compromit bien vite : par inadvertance, nous avions tu le titre qui précédait ce vœu, et qui eût pu faire prendre celui-ci en plus haute considération bien qu'il fût unanimement approuvé.

Or, voici le titre et les termes de ce vœu :

En vue de la paix et de la prospérité publique
Vœu unanime de la Nation

Les électeurs de la ville de Mantes (Seine-et-Oise) soumettent à l'approbation des électeurs de toutes les villes et communes de France le vœu suivant :

Attendu l'existence d'un trop grand nombre de partis politiques savoir : de la République, de la Révision, de l'Empire et de la Royauté ;

Attendu aussi que chacun de ces partis pourra être représenté à la prochaine Chambre de 1889, et qu'un précédent état de choses, l'instabilité des ministères, si préjudiciable à la paix et à la prospérité publique, pourra encore se renouveler, pleins de cette crainte, les électeurs de la ville de Mantes, confiants en la personne de M. Carnot, président de la République, dont la correction et les sentiments pacifiques sont universellement appréciés, pour ces raisons les susdits électeurs prient un tel Président de n'accueillir pour ministres que des hommes que seul l'intérêt de la France et de la République, sans épithète, doit guider. »

Les termes du présent vœu ont été approuvés par la majorité des électeurs présents à la Réunion publique tenue le 18 septembre 1889, dans la salle du théâtre de la ville.

Le Président de la Réunion :   Les Assesseurs :

Mais, comme on le voit, la signature des Membres composant le Bureau de la réunion ne figure pas au bas du Vœu ; voici pourquoi. C'est que les mots *sans épithète*, qui indiquent bien maintenant la sorte de république à laquelle nous faisions allusion, n'existaient pas dans le texte primitif ; on nous fit remarquer cette absence et nous y remédiâmes ensuite. Mais, malgré cela, à cause d'une première et fâcheuse impression et beaucoup plus par pusillanimité, pensons-nous, les signatures indispensables pour faire parvenir ce vœu, qui eût pu devenir celui du plus grand nombre, à son éminent destinataire, ne nous furent pas données.

Enfin, les termes de notre vœu étant spéciaux pour la ville de Mantes, ainsi qu'on vient de le voir, nous avons dû concevoir une formule unique pour toutes les autres villes et communes. Voici dès lors cette formule :

Ville ou Commune de.....
En vue de la paix et de la prospérité publique
Vœu unanime de la Nation

Les électeurs de la ville ou commune de..., après avoir pris connaissance des termes d'un vœu à adresser à M. Carnot, président de la République, en vue de le prier de n'accueillir, pour Ministres, que des hommes que seul l'intérêt de la France et de la République, sans épithète, doit guider, à ce vœu, qui émane de l'initiative des électeurs de la ville de Mantes, ceux de la ville ou commune de..... se font, comme les susdits, un devoir de se rallier.

Telle est cette formule, que l'on aurait eu à faire parvenir partout, et qui eût pu être honorée d'une sanction dans un grand nombre de villes et communes, après que le Maire ou tout autre électeur dans chacune de ces dernières en aurait donné lecture en réunion publique. Et, parvenant ensuite à un grand nombre d'exemplaires à sa haute destination, le cas échéant, le vœu contenu dans cette formule aurait été opposé victorieusement aux entreprises des ennemis de la République, seul genre de gouvernement sous l'égide duquel, nous le répétons, les bonheurs, d'ailleurs fort légitimes, et dont nous avons fait l'énumération pour chacun des citoyens, sont dès maintenant assurés.

TABLE DES MATIÈRES

Résidence de l'Auteur : 98, avenue de la République, à Mantes (Seine-et-Oise), où il représente depuis près de huit ans un honnête propriétaire et négociant en Vins du département du Gard.